Sandra Huygen-Dols & Frans Goetghebeur

Das kleine Übungsheft

Spiritualität im Alltag

**Aus dem Französischen von
Claudia Seele-Nyima**

Illustrationen von Jean Augagneur

TRINITY

Sandra Huygen-Dols, Doktor der Naturwissenschaften und MBA (Master of Business Administration), ist als international zertifizierte Beraterin und Coach für die Europäische Kommission tätig. Darüber hinaus arbeitet sie seit 20 Jahren im Bereich Gesundheit und nachhaltige persönliche Entwicklung für Universitäten und Unternehmen.

Frans Goetghebeur war im Bildungswesen tätig und war Vorsitzender sowohl der belgischen als auch der europäischen Buddhistischen Union. Er setzt sich für einen Dialog zwischen den Traditionen, Kulturen, Organisationen und Menschen ein.

Die Originalausgabe ist erstmals 2016
bei Éditions Jouvence erschienen.
Titel der französischen Originalausgabe:
Petit cahier d'exercices de spiritualité
aussi simple qu'une tasse de thé
© Éditions Jouvence, S.A.,
Chemin du Guillon 20, Case 184, CH-1233 Bernex.
www.editions-jouvence.com
info@editions-jouvence.com

© der deutschen Ausgabe: 2017 Trinity Verlag in der
Scorpio Verlag GmbH & Co. KG, München
Umschlaggestaltung: Guter Punkt, München
Satz: Kerstin Duben, München
Druck und Bindung: Pustet, Regensburg
ISBN 978-3-95550-228-7

www.die-kleinen-uebungshefte.de

Der Begriff »Spiritualität«

Wer von anderen richtig verstanden werden will, sollte die Begriffe, die er/sie verwendet, gut definieren, denn andernfalls können sie, wie der Kleine Prinz es ausdrückt, »eine große Quelle für Missverständnisse« sein. Für das Wort »Spiritualität« gilt das zweifellos!

»Spiritualität« hat unterschiedliche Bedeutungen. Der Titel dieses kleinen Übungshefts kündigt unsere Absicht bereits an: Wir wollen den Begriff entmystifizieren und auf die universale Bedeutung dieser Geisteshaltung zurückkommen, die in allen Weisheitstraditionen zu finden ist. Spiritualität sollte demnach nicht mit Religion, Esoterik oder Spiritismus verwechselt werden.

Spiritualität verweist auf eine Erfahrung des Erwachens, die den Schleier vor unserem Geist wegzieht, der uns daran hindert, die Dinge so zu sehen und zu lieben, wie sie sind. Diese Erfahrung offenbart uns, dass alles Existierende miteinander verbunden ist, und führt uns zu einer tiefen Verbindung mit allem Lebendigen.

Bewusst gelebte Spiritualität

Unsere westliche Gesellschaft glänzt mit Innovationen, neuen Technologien, Know-how und Wohlstand. Gleichzeitig spricht die Weltgesundheitsorganisation von einer alarmierenden Zunahme von »Zivilisationskrankheiten«. Auch die große Zahl an Gewalttaten und Ungerechtigkeiten, die täglich um uns herum passieren, zeigt uns die andere Seite unserer hoch entwickelten Welt. Leben wir wirklich oder existieren wir nur, befinden wir uns eher im Überlebensmodus in einer Gesellschaft, die verzweifelt nach einem Sinn sucht? Was tun angesichts der täglichen äußeren und inneren Herausforderungen? Wie finden wir wieder zu unseren echten Bedürfnissen, unseren wahren Werten zurück? Wie können wir uns selbst, die anderen, die Welt bewusster wahrnehmen und für sie da sein? Wie können wir lieben? Spiritualität ist die Quelle der Inspiration, des Vertrauens, der Energie und der Ermutigung und ermöglicht uns, Antworten auf diese Fragen zu finden. Denn Spiritualität bleibt nicht auf der Ebene des fruchtlosen Geredes stehen. Bewusst gelebt, bereichert sie jeden Aspekt unseres Daseins und lässt sich noch in den kleinsten Taten und Gesten des Alltags praktizieren.

Es wird immer deutlicher, dass Spiritualität vielleicht die einzige Grundhaltung ist, die Menschen nicht voneinander trennt, denn sie führt zu Uneigennützigkeit. Eine Politik, Bildung oder Wirtschaft, die auf einer spirituellen Sicht basiert, würde sich von vornherein in den Dienst aller Lebewesen stellen — ohne Ausnahme.

Den inneren Meister finden

In diesem kleinen Übungsheft über Spiritualität geben wir Ihnen Methoden – »Schlüssel« – und einfache Übungen an die Hand, mit deren Hilfe Sie Ihr Leben transformieren können.

Spiritualität entspricht einem tiefen Bedürfnis in uns, Beziehungs- und Existenzprobleme zu heilen; einem Bedürfnis nach Sinn, Authentizität und persönlicher Freiheit. Durch sie lernen wir, uns mit unseren inneren Ressourcen zu verbinden, die unerschöpflich sind, und wir entdecken die bemerkenswerte Intelligenz des Körpers.

Spirituelle Praxis basiert auf Vertrauen in uns selbst. So sind alle spirituellen Meister der Gegenwart und der Vergangenheit nicht von außen kommende Retter oder Autoritäten, sondern vielmehr Mentoren, die uns ermöglichen, unseren inneren Meister zu finden. Wie der vietnamesische Zenmeister Thich Nhat Hanh sagt:

> **»Das große Erwachen stellt sich ein, sobald wir verstehen, dass das, wonach wir suchen, in uns selbst liegt.«**

Gehen wir also gemeinsam auf die Suche nach dem Schatz,
der sich in uns verbirgt!

»Niemand kann an unserer Stelle etwas gebären.«

Der französische Philosoph und Meditationslehrer Fabrice Midal erinnert
daran, dass wir selbst für die »Mutterschaft unserer Existenz« verant-
wortlich sind. Eine Mutter nährt, was in ihr heranwächst. Sie kontrolliert
nicht, sondern umhüllt es mit ihrer Liebe, damit ihr »Projekt« eines
Tages zur vollen Entfaltung gelangt. In diesem Sinne können wir die
Verantwortung für unser Leben hier auf Erden – und auch die in diesem
Heft vorgestellten Übungspraktiken – auffassen.

Drei Hinweise vorab

→ In diesem kleinen Übungsheft werden Sie weder Listen mit Namen großer Dichter, Mystiker oder Weiser noch eine systematische Darlegung unterschiedlicher spiritueller Traditionen finden. Uns geht es vielmehr darum, die Gedanken und Anregungen solcher Traditionen und Denkrichtungen in eine leicht umsetzbare Gesamtdarstellung zu fassen.

→ Spiritualität geht nicht zwangsläufig mit dem Glauben an eine höhere Macht einher. So soll Papst Franziskus angeblich gesagt haben:

»Man muss nicht an Gott glauben, um ein guter Mensch zu sein. In gewisser Hinsicht ist das traditionelle Verständnis von Gott heute überholt. Man kann ›spirituell‹ und dabei nicht religiös sein. Es ist nicht nötig, in die Kirche zu gehen und Geld in den Klingelbeutel zu legen. Für viele ist die Natur wie eine Kirche. Einige der besten Menschen in der Geschichte haben nicht an Gott geglaubt, und einige der bösesten Taten sind im Namen Gottes verübt worden.«

Viele große Mystiker haben sogar darum gebetet, sich von Gott befreien zu können – »Gottes ledig zu werden«, wie Meister Eckhart es ausdrückte –, selbst wenn er an anderer Stelle hinzufügte: »Gott ist mir näher, als ich mir selber bin.«

Genau.

➡ Ebenso wenig bedeutet gelebte Spiritualität, dass man der Welt entsagen und ein Heiliger werden muss. Hier und jetzt, als die, die wir sind, sollen wir uns verwirklichen, kann das Erwachen erlangt werden, erwartet uns die Freiheit. Doch das erfordert Übungspraxis. Und wir machen Ihnen Vorschläge, wie Sie praktische Erfahrungen sammeln können – einfach und klar.

Die 7 Schlüssel zu einer zeitgemäßen, lebendigen Spiritualität

1. Schlüssel: Achtsamkeit und der Zugang zu unserer unerschöpflichen Quelle

Aktivieren Sie den Schlüssel der Meditationspraxis

In den gegenwärtigen Augenblick finden: Meditation ist der Königsweg zum Entwickeln eines spirituellen Lebens. Durch sie werden wir achtsamer gegenüber uns selbst und öffnen uns gleichzeitig für die Welt und die Menschen um uns herum. Meditieren ändert, klärt und erweitert unseren Blick und unsere Wahrnehmung und verleiht uns größere Kontrolle und mehr Freiheit im geistigen und emotionalen Bereich und somit auch in unseren Reaktionen. Meditation ist ein Geistestraining, durch das wir uns von inneren Automatismen befreien können, die häufig die Ursache für Niedergeschlagenheit und seelisches Leiden sind. Es gibt verschiedene Varianten der Meditationspraxis, aber alle stimmen darin überein, dass sie den gegenwärtigen Moment als Zugang nutzen.

Die Praxis der Achtsamkeit:

Achtsamkeit ist damit verbunden, dass unser Bewusstsein sich öffnet, weit wird, indem die Aufmerksamkeit bewusst und nicht wertend auf die Realität, so, wie sie jetzt gerade ist - auf den gegenwärtigen Moment - gerichtet wird (so beschreibt es Jon Kabat-Zinn, Begründer der Praxis der Achtsamkeitsbasierten Stressreduktion).

Die Erfahrung, achtsam zu sein, machen wir alle hin und wieder, meistens nur flüchtig, immer dann, wenn wir gleichzeitig konzentriert und entspannt sind. Doch das Leben, das wir uns auferlegen (lassen), entfernt uns in der Regel von solch bewusster Gelassenheit - und führt nicht selten zu körperlicher und/oder psychischer Anspannung, Reizbarkeit, Beziehungsproblemen, Konzentrationsschwierigkeiten, Schlafstörungen, Müdigkeit oder gar Erschöpfungszuständen ...

Meditationsübung

Nehmen Sie jetzt gerade, beim Lesen dieses kleinen Übungshefts, einfach einmal Ihre Position bewusst wahr. Wo befinden Sie sich? In welcher Haltung?

. . . .

Schärfen Sie Ihre fünf Sinne und spüren Sie in sich hinein, was Sie in diesem Moment wahrnehmen können. Was hören Sie?

. . . .

Was sehen Sie?

....

Was spüren Sie?

....

Ist Ihr Körper in Kontakt mit einem Gegenstand? Einer
Person? Einem bestimmten Stoff?

....

Schmecken Sie etwas Bestimmtes?

....

Beschreiben Sie diese Erfahrungen und bestimmen Sie
auch Ihre seelische Verfassung genauer: Sind Sie gerade
entspannt? Beunruhigt? Neugierig? Gestresst? In einem
anderen Gemütszustand?

....

....

....

....

....

....

....

....

....

....

....

Aktivieren Sie auf diese Weise wieder Ihre Offenheit für den gegenwärtigen Moment. Die Vergangenheit wiederzukäuen kann leicht zu Bitterkeit, Traurigkeit und Zorn führen; und ständig in der Zukunft zu leben kann Angst machen. In beiden Fällen **lassen Sie Ihre schöpferischen Kräfte, Ihre Fähigkeit, Ihr Leben zu gestalten, ungenutzt und versäumen die Gelegenheit, frei und glücklich zu sein. Kurz: Sie verpassen Ihre Verabredung mit dem Leben.**

Gewöhnen Sie sich an, mehrmals täglich eine Pause in Ihren Aktivitäten einzulegen. Mithilfe der oben beschriebenen Übung können Sie Ihre Fähigkeit entwickeln, sich wieder **mit Ihrem wahren Wesen, Ihren ureigenen Bedürfnissen und Werten zu verbinden. Sie hilft Ihnen, angemessene Gedanken und Gefühle zu entwickeln** und sich und anderen mit viel positiver Zugewandtheit zu begegnen. Das ist wichtig, denn wir wissen, dass der Mensch (d. h. unser Geist) zu den schlimmsten, aber auch den edelsten Taten fähig ist. Man muss wissen, was man will.

Tipp:
Wenn Sie befürchten, Ihre tägliche Praxis zu vergessen, tragen Sie ein kleines Armband zur Erinnerung oder lassen Sie sich durch einen unauffälligen (Weck)-Alarm daran erinnern.

Das Meer der Möglichkeiten

»O Freund, hör auf, nach dem Warum und Wie zu suchen. Hör auf, das Rad deiner Seele zu drehen. Genau hier und jetzt ist dir alles gegeben, in größter Vollkommenheit. Nimm diese Gabe an. Press den Saft des gegenwärtigen Moments.«

Faouzi Skali, Sufi-Meister

Nennen Sie drei Begriffe, die Ihnen zu diesem klugen Satz einfallen:

....

....

....

Was könnte »den Saft des gegenwärtigen Moments auspressen« für Sie bedeuten?

....

....

....

Wenn Sie jetzt einen Zauberstab zur Hand hätten, was würden Sie sich im persönlichen Bereich, in der Liebe, für die Arbeit, in Ihren Freundschaften wünschen?

. . . .

. . . .

. . . .

Wissenschaftliche Studien, alte Weisheitslehren sowie alle spirituellen Traditionen stimmen darin überein, dass alles Energie ist und einer Matrix entspringt, einer Quelle, die gemeinhin als das »Meer der Möglichkeiten« bezeichnet wird. Manche Menschen verwenden das Wort »Gott«, um diese unendliche Energie zu bezeichnen; in der Wissenschaft wird sie eher als Energie- und Informationsfeld gesehen, und in Indien nennt man sie »Indras Netz«. Aus dieser »vollen, lebendigen Leere« kommen alle potenziellen Möglichkeiten des Lebens, alle Transformationen der Realität. Der gegenwärtige Moment ist der einzige Zeitraum für eine Begegnung mit dieser Quelle.

PERSÖNLICHKEIT
LIEBE
ARBEIT
FREUNDSCHAFT

Sagen Sie sich diese Sätze dreimal laut vor:
»Indem ich mich für den gegenwärtigen Moment öffne, erhalte ich Zugang zu meiner Quelle, zu meinem kreativen Potenzial. Ich kann meine Lebensumstände wirkungsvoll verändern und kreiere das Leben, das mir am Herzen liegt.«

Entwickeln Sie die Fähigkeit, achtsam im gegenwärtigen Moment zu verweilen, um Ihre Verbindung mit der Quelle und Ihre schöpferische Kraft zu aktivieren. Verschiedene Praktiken können Sie dabei unterstützen. Seien Sie geduldig mit sich, aber verbinden Sie sich regelmäßig mit der Quelle, um auf dem Weg Fortschritte zu machen.

1. Nehmen Sie sich Buntstifte und malen Sie dieses wundervolle Mandala aus. Wählen Sie Farben, die Sie inspirieren …

2. Richten Sie sich einen ruhigen, gemütlichen Platz ein – zu Hause, an Ihrem Arbeitsplatz oder draußen. Wichtig ist, dass Sie sich dort wohlfühlen. Nehmen Sie sich morgens und abends möglichst mindestens 15 Minuten Zeit, um an diesem Ort das »Sein« im gegenwärtigen Moment zu praktizieren.

3. Lesen Sie sich diese Lebensweisheit laut vor:

>»Unsere Aufgabe besteht nicht mehr darin, uns etwas anzueignen, sondern zu sein.«
>
> Rabindranath Tagore, Dichter und Philosoph

Was fällt Ihnen zu diesem Zitat ein?

....

....

....

Warum und auf welche Weise sollten wir über materiellen Erwerb hinausgehend unsere persönlichen Fähigkeiten entwickeln?
Nehmen Sie sich die Zeit, Ihre Gedanken dazu zu formulieren und dann über Ihre Antwort zu meditieren.

....

....

....

....

....

Wie finde ich die Zeit für all das?

Listen Sie zuerst neben der Zeichnung unten die Dinge, Gewohnheiten oder vermeintlichen Verpflichtungen auf, die Sie guten Gewissens für Ihre spirituelle Entwicklung aufgeben könnten.

- ....
- ....
- ....
- ....
- ....
- ....
- ....
- ....
- ....
- ....
- ....

Nun sollte es Ihnen möglich sein, sich Zeit für Ihre tägliche Praxis freizuschaufeln und damit eine positive Dynamik, einen Erfolgskreislauf in Gang zu bringen. Je mehr Sie üben, umso leichter, beschwingter, lebendiger werden Sie sich fühlen. Ihre Gedanken kommen zur Ruhe, Ihr Geist, der mit dem Meer der Möglichkeiten in Kontakt ist, klärt sich und führt Sie intuitiv zu dem, was Ihr Leben nährt und Sie glücklich macht.

17

MONTAG	DIENSTAG	MITTWOCH

DONNERSTAG	FREITAG	SAMSTAG

SONNTAG

Tragen Sie in diesen Wochenplan Zeiten ein, die günstig für Ihre Praxis sind. Sie werden sehen: Mit ein wenig Übung gelingt es Ihnen schon bald, in jedem Moment Ihres Lebens gegenwärtig zu sein.

4. Die Natur ist eine Verkörperung der Weisheit, wir können uns von ihr führen lassen.
Gehen Sie einmal täglich mindestens zehn Minuten nach draußen und treten Sie mit der Natur in Kontakt. Beobachten Sie ihre Wunder und ihr intelligentes Wirken in allem, was lebt. Schärfen Sie Ihre Sinne, während Sie einen Sonnenuntergang betrachten, dem Zwitschern der Vögel lauschen, die frische Luft einatmen, Blätter und Gräser berühren und vielleicht sogar die Früchte schmecken, die die Natur uns schenkt.

Kleben Sie einige Fotos ein, die Ihre Verbindung mit der Natur veranschaulichen:

Hier ein Ausspruch, der die große Bedeutung der Natur veranschaulicht und zeigt, wie wichtig es ist, sie gut zu behandeln:

>>Der Mensch ist die dümmste Spezies!
Er verehrt einen unsichtbaren Gott und
tötet eine sichtbare Natur, ohne zu
wissen, dass die Natur, die er vernichtet,
dieser unsichtbare Gott ist, den er verehrt.<<

Hubert Reeves, Atom- und Astrophysiker
sowie Schriftsteller

Alles hängt zusammen. Alles spricht zu uns mit einer mächtigen Kraft, die sich in den zahllosen verschiedenen Spezies, in Flora und Fauna, manifestiert.

2. Schlüssel: Schon eine klare Absicht trägt Früchte

»Der Ursprung der Dinge: Weder Nichtsein noch Sein war damals. ... Es atmete nach seinem Eigengesetz ohne Windzug dieses Eine. ... Über dieses kam am Anfang das Verlangen, was des Denkens erster Same war ...«

Rigveda 10, 129

Was fällt Ihnen zu diesen Sätzen ein? (Aus dem ältesten Teil der Veden, der zu den wichtigsten Schriften des Hinduismus zählt)

. . . .

. . . .

. . . .

. . . .

. . . .

Aktivieren Sie den Schlüssel der klaren Absicht

Nehmen Sie sich einige Minuten Zeit ganz für sich. Atmen Sie langsam und tief ein und aus. Verbinden Sie sich mit der Quelle der potenziellen Möglichkeiten (siehe Übungspraxis zum 1. Schlüssel).

Nehmen Sie nun einige Buntstifte und ein leeres Blatt Papier zur Hand oder nutzen Sie die freie Fläche auf der nächsten Seite. Stellen Sie sich vor, Sie seien ein Künstler und Sie könnten Ihr ideales Leben kreieren. Wie sähe es aus? Zeichnen oder schreiben Sie auf, was Sie sich in Bezug auf die neun Lebensbereiche, die unten auf der nächsten Seite aufgeführt werden, am innigsten wünschen. Seien Sie so präzise wie möglich.

Entspannen Sie sich, gestalten Sie Ihr ideales Leben ohne jegliche Erwartungshaltung in Bezug auf das Ergebnis. Niemand wird Ihr Werk beurteilen. Folgen Sie einfach dem, was Ihr **Herz** Ihnen sagt. Vertrauen Sie sich selbst, Ihrer Weisheit; sie weiß, was Sie aus tiefster Seele werden wollen. Verfeinern Sie Ihre Zeichnungen und Vorstellungen, gehen Sie immer mehr ins Detail, bis Letztere zu **klaren Absichten** werden.

> »Man nimmt die Zukunft nicht hin, man gestaltet sie.«
> Georges Bernanos, Schriftsteller

Stellen Sie für jeden Lebensbereich die Absicht, die sich für Sie herauskristallisiert hat, ins Feld des reinen Potenzials. Verbinden Sie sich dafür in Stille mit der Quelle (siehe 1. Schlüssel). Wenn alles in Ihnen und um Sie herum zur Ruhe gekommen ist, visualisieren Sie Ihre Absichten. **Spüren Sie in Ihrem tiefsten Herzen die Empfindungen und Gefühle, die diese Absichten/Vorstellungen in Ihnen auslösen, so als würden sie gerade jetzt, im gegenwärtigen Moment, Realität.** Konzentrieren Sie sich voll und ganz auf Ihre Absichten, bis diese Ihr ganzes Bewusstsein durchdringen. **Lassen Sie dann vertrauensvoll los** und kehren Sie zu einem Zustand der Stille zurück.

23

Spüren Sie die Macht dieser persönlichen Absichten. Sie werden Ihr Leben verändern und Sie zu einer besseren Version Ihrer Selbst führen.

Die Absichten und Wünsche, die in unserem Herzen, in der Stille der Möglichkeiten der Quelle entstehen, wachsen und werden von einer grenzenlos kreativen und gestalterischen Kraft unterstützt.

»Stärke wächst nicht aus körperlicher Kraft — vielmehr aus einem unbeugsamen Willen.«
Mahatma Gandhi

Seien Sie offen und aufmerksam gegenüber dem, was in Ihrem Alltag geschieht, ohne zu urteilen und ungeduldig zu werden. Treten Sie in Resonanz mit den Gelegenheiten, die sich Ihnen bieten, und ergreifen Sie sie. Sie sind ein Teil Ihrer selbst, Ihres Entwicklungsweges. Sollten Sie Ihre Absichten nicht sofort deutlich erkennen, bleiben Sie dennoch zuversichtlich: Dafür gibt es einen Grund.

Geben Sie sich selbst ein Versprechen

Ich, ..., verspreche hiermit, Zugang zur Quelle/zum Meer der Möglichkeiten zu suchen, indem ich übe, mich mit dem gegenwärtigen Moment zu verbinden, und diese Praxis in meine tägliche Lebensführung integriere. Im gegenwärtigen Augenblick bereite ich meine Zukunft ganz bewusst dadurch vor, dass ich meine tiefsten Wünsche zum Leben erwecke und meine Absichten mithilfe meiner Achtsamkeit entwickle. Ich lasse nicht zu, dass meine Aufmerksamkeit durch äußere Hindernisse (die Meinung anderer, Ratschläge, Medien, Lebensrhythmus …) oder innere Barrieren (Bewertungen, negative Denkmuster und Gefühle) abgelenkt wird. So bin ich Mitschöpfer(in) meiner Gegenwart, in Ruhe und mit Vertrauen, und sichere meine Wünsche und meine Zukunft so, dass alle Möglichkeiten bestmöglich ausgeschöpft werden.

Unterschrift: . . . .

Tipp:
Kaufen Sie sich ein kleines Heft, in das Sie die Ziele und Übungspraktiken eintragen, die Sie für sich festgesetzt haben, und auch die Versprechen, die Sie sich gegeben haben. Notieren Sie jeweils, ob Sie sie eingelöst haben oder nicht. Dadurch können Sie den Prozess Ihrer spirituellen Entwicklung noch besser gestalten.

Manche Menschen behaupten, alles sei schon weitgehend in der Sternenkonstellation zum Zeitpunkt unserer Geburt oder in der Struktur unserer Gene festgelegt. Und doch steht eines fest: Niemand ist ein für alle Mal endgültig »formatiert«. Aufgrund der Plastizität unseres Gehirns und unseres Nervensystems und wegen unserer enormen geistigen Flexibilität können wir in jedem Moment Mitschöpfer(in) unseres Schicksals sein.

»Du bist dein eigener Herr und Meister,
deine Zukunft hängt von dir ab.«

Buddha

3. Schlüssel: Großzügigkeit in Gedanken und Taten

»Gib im Glauben, niemals ohne Glauben. Gib reichlich, gib mit Bescheidenheit, gib mit Ehrfurcht, gib mit vollem Wissen und Mitgefühl.«
Taittiriya Upanishad

Sowohl Jesus als auch der Dalai-Lama betonen, wie wichtig Freigebigkeit ist. Materielle und immaterielle Güter sind Energien, die zirkulieren, wie ein Fluss, ohne an etwas anzuhaften und ohne Hintergedanken. Geben Sie, teilen Sie das, was Sie selbst erhalten wollen (Güte, Liebe, Geduld, Freude, Geld ...). Diese Energieflüsse funktionieren nämlich durch dynamischen Austausch.

Aktivieren Sie den Schlüssel der Fülle

1. Lesen Sie dreimal hintereinander ganz bewusst diese Aussage:

> »Ich schenke, ich gebe, ich teile ohne Vorbehalt und ohne mich an etwas zu klammern. Ich bin in vollkommenem Einklang mit dem Fluss des Lebens und den Gesetzen der Natur. Ich lasse Dinge los. Ich bin glücklich.«

Prüfen Sie eine Woche lang jeden Abend, was Sie am Tag gegeben und geteilt haben. Und freuen Sie sich über Ihre neue Gewohnheit.

2. Was könnten Sie in den nächsten fünf Minuten schenken, das einer anderen Person – und bei der Gelegenheit auch Ihnen – Freude bereiten würde? Denken Sie nicht zu angestrengt nach, seien Sie spontan. Notieren Sie, was Sie getan/gegeben haben, ebenso wie die Reaktion der Person, der Ihre kleine Aufmerksamkeit galt.

Handlung/Gabe: ....

....

....

....

....

....

....

Reaktion: ....

....

....

....

....

....

....

....

3. Machen Sie pro Tag mindestens drei Personen durch kleine Aufmerksamkeiten froh, bis es zu einem spontanen Reflex wird.

Was könnten Sie schenken und wem? Zählen Sie Ihre Ideen hier auf:

Empfänger(in): ....

Meine Ideen: ....

....

....

Empfänger(in): ....

Meine Ideen: ....

....

....

Empfänger(in): ....

Meine Ideen: ....

....

....

Achten Sie vor allem auf die Wünsche der anderen mit dem Ziel, sie zu erfüllen, aber schenken Sie gleichzeitig mit Freude auch das, was Sie selbst vom Leben erwarten. So beginnt in Ihrem Umfeld die Energie des Wohlwollens, der Freude, des Reichtums und der Fülle zu zirkulieren – weil Sie diese aktiviert haben!

4. Entwickeln Sie eine tiefe Dankbarkeit für das Gute in Ihrem Leben. Spüren Sie, wie sich dabei Ihr Herz öffnet, und nehmen Sie diesen starken positiven Energiefluss wahr, der in Ihnen und Ihrer Umgebung zirkuliert. Machen Sie sich bewusst, was Sie an diesem Tag geschafft und realisiert haben, Ihre Bestrebungen (wohin Ihr Herz Sie zieht/was Sie lieben), welche guten Dinge Ihnen von der Natur und von den Menschen Ihrer Umgebung heute zuteilgeworden sind, und schreiben Sie all das hier auf:

Was ich geschafft habe	Meine Bestrebungen	Gutes von der Natur	Gutes von meiner Umgebung

Nehmen Sie sich morgens und abends einige Minuten Zeit und machen sich die Gaben und Wohltaten bewusst, die das Leben Ihnen bietet. Danken Sie aus tiefstem Herzen dafür und spüren Sie dabei die warme, angenehme Schwingung in Ihrem Inneren.

Seien Sie auch dankbar für die Gaben der Natur und ganz besonders für die zwischenmenschlichen Geschenke, die Ihnen zuteilwerden, wie Liebe, Freundschaft, Zuneigung, Respekt, Aufmerksamkeit, Zeit für sich und andere.

Tipp:
Fügen Sie in dem Heft, in dem Sie Ihre Selbstversprechen eintragen, eine Rubrik hinzu, in der Sie Ihre Dankbarkeit zum Ausdruck bringen.

5. Lesen Sie sich den folgenden Satz dreimal laut vor:

**»Ich freue mich an der Fülle und trete dankbar
in Resonanz mit diesen Geschenken.«**

Studien zeigen: Menschen, die ihrer Dankbarkeit Ausdruck verleihen, leben tendenziell länger und sind glücklicher. Es lohnt sich also!

4. Schlüssel: Die Entsprechung von Ursache und Wirkung nutzen

Das Wort Karma bezeichnet gleichzeitig eine Tat und ihre Folgen, also Ursache und Wirkung sowie die Verbindung zwischen beidem. Jeder Gedanke, jedes Wort und jede Tat erzeugt eine Energie, die Konsequenzen ähnlicher Natur nach sich zieht. Sind Sie sich dessen bewusst, können Sie allmählich ein Verhalten entwickeln, mit dem Sie für sich selbst und andere Positives bewirken.

Aktivieren Sie den Schlüssel des heilsamen Verhaltens

1. Was könnten Sie tun, um Ihr Verhalten schrittweise zu verbessern, jeden Tag ein bisschen? Nennen Sie hier die Lebensbereiche, die Sie ethischer und positiver gestalten möchten, und was Sie dafür tun könnten:

❑ persönliche Entwicklung
❑ Ehe/Beziehung
❑ Familie
❑ Freunde
❑ Umwelt/Wohnen
❑ Arbeit/Karriere
❑ Gesundheit
❑ Hobbys/Entspannung
❑ Finanzen
❑ Sonstiges

Wer könnte Sie bei diesem Vorhaben unterstützen?

....

....

....

2. Indem Sie regelmäßig Ihre Gefühle, Gedanken, Handlungen und Lebensentscheidungen achtsam beobachten, gewinnen Sie Klarheit und nehmen Ihr Leben nicht mehr einfach unbewusst hin.

3. Erkennen Sie die Auswirkungen Ihrer Entscheidungen. Nehmen Sie bei allem, was Sie beschließen, geistig vorweg, welche Konsequenzen es für Sie, für andere und für Ihre Umgebung hat. Bewirkt es, dass es Ihrem Umfeld gut geht?
Nennen Sie hier eine Entscheidung, die Sie treffen müssen, und nehmen Sie vorweg, wie sie sich auf Ihr Leben und Ihre Umgebung auswirken wird:

....

....

....

....

....

....

....

....

4. Lesen Sie die folgende Affirmation sehr bewusst und meditieren Sie anschließend darüber:

> »Bei der Entscheidung, die ich treffen möchte, vertraue ich vollkommen auf das, was ich fühle, was aus meinem Herzen kommt, und lasse alle Gedanken los. Ich lade mein Herz ein, mich durch meine Erfahrungen, meine Überzeugungen zu führen, um den lebendigsten, authentischsten Teil meines Wesens zu Wort kommen zu lassen. Wenn mein Gefühl eine tröstliche Wärme oder eine unbeschreibliche Freude ist, werde ich auf mich vertrauen und entsprechend handeln. Sind meine Empfindungen bezüglich der Entscheidung belastend und unangenehm, werde ich sie nicht umsetzen und mir etwas anderes überlegen. Ich richte mich nach den Botschaften meines Herzens, um mein Leben auf einen Weg zu bringen, der für mich und meine Umgebung richtig und sinnvoll ist.«

Beschreiben Sie hier, wie und warum Sie kürzlich eine Entscheidung korrigiert haben:

....

....

....

....

....

....

....

....

....

....

....

....

5. Nehmen Sie einen Stift und bewegen Sie sich damit durch das Labyrinth der Kathedrale von Chartres, indem Sie es am Eingang unten betreten und herausfinden, wohin es Sie führt.

Was fällt Ihnen zu diesem Labyrinth ein? Was haben Sie beim »Durchlaufen« empfunden?

· ·

· ·

· ·

· ·

· ·

Tipp:
Das Labyrinth ist ein **Weg:** Es lädt dazu ein, es als »Pilger« zu beschreiten. Sein Zweck? Auf intelligente Weise zu einer echten Meditation zu führen. Wer es betritt, kann sich Schritt für Schritt öffnen für das, was seinen Verstand übersteigt – und so den Sinn seines Daseins finden.

5. Schlüssel: Das Leben so einfach wie möglich gestalten

»Einfachheit ist eine Gabe der Seele.«

Vauvenargues

Die Natur und ihre Gesetze zeigen uns den Weg der Leichtigkeit und der Harmonie: Alles strömt wie ein fließender, harmonischer Fluss auf's Meer zu. Das Leben soll kein Kampf sein, denn das läuft dem zuwider, was uns die Natur lehrt. Die Prinzipien eines spirituellen Lebens zu aktivieren bedeutet, auf allen Wellen, die der Ozean des Lebens uns präsentiert - seien sie sanft oder rau -, eine angenehme Stabilität zu finden. Einfachheit lehrt uns, wie wir alle Konditionierungen, alle Identifizierungen durchschauen, wie wir uns von allen Verkrampfungen freimachen und die Situation völlig »ungeschminkt« betrachten können, so, wie sie ist.

Aktivieren Sie den Schlüssel der selbst gewählten Einfachheit

1. Wie schätzen Sie auf einer Skala von 0 bis 10 den Grad der Leichtigkeit Ihres Lebens momentan ein?

2. Vereinfachen Sie Ihren Alltag und machen ihn dadurch schöner.

»Ist ein Mensch, der das Leben eines Einsiedlers führt und kaum etwas besitzt, wirklich ein einfacher Mensch? Ist nicht Einfachheit etwas ganz anderes? Einfachheit ist Einfachheit des Geistes und des Herzens.«

Jiddu Krishnamurti, indischer Philosoph

Beginnen Sie damit, dass Sie sich entspannen. Atmen Sie tief ein und aus und stellen Sie sich einen wunderschönen Fluss an einem Sommertag vor. An einer Stelle wird er von dicken Felsbrocken blockiert, die ihn zwingen, von seinem normalen Lauf abzuweichen, und ihn daran hindern, natürlich zu fließen.

Welche sind die drei größten Felsbrocken, die den Fluss Ihres Lebens behindern und dazu führen, dass Ihr Leben nicht natürlich und glatt verläuft? Benennen Sie drei der Felsen auf der Zeichnung unten nach diesen drei Hindernissen, die Sie für sich identifiziert haben (z.B.: meine Grübeleien, meine Ängste, meine Gesundheit, mein Arbeitsplatz …).

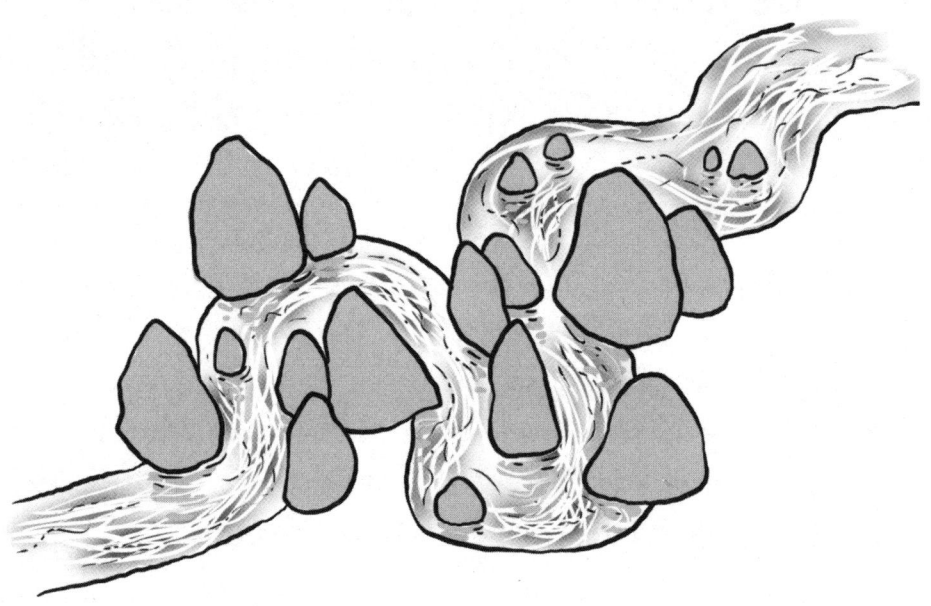

Schreiben Sie anschließend hier die Lösungen auf, die Ihnen Ihrer Meinung nach helfen könnten, zu Ihrem Wohlbefinden und Ihrer Leichtigkeit zurückzufinden. Wer könnte Sie dabei unterstützen? Wann werden Sie die jeweilige Lösung umsetzen?

Felsen/Hindernis 1: ....

....

....

....

....

....

Felsen/Hindernis 2: . . . .

. . . .

. . . .

. . . .

. . . .

. . . .

. . . .

Felsen/Hindernis 3: . . . .

. . . .

. . . .

. . . .

. . . .

. . . .

Halten Sie Ihren Blick und Ihr Herz stets auf die abschließende Lösung gerichtet, so als hätten Sie sie mithilfe der Übungen des zweiten spirituellen Schlüssels bereits umgesetzt.

Fahren Sie nach den drei großen Felsen mit den kleineren Felsbrocken und schließlich mit den Kieseln fort.

Aus der Einfachheit und dem reibungslosen Fließen, die sich nach und nach ergeben, entsteht dann die Erfahrung der Sinnhaftigkeit, Zufriedenheit und Harmonie, nach der wir alle uns sehnen.

3. Lassen Sie all das los, was Ihr Leben kompliziert macht und blockiert!

Widerstand verursacht oft Leid oder führt zu Halsstarrigkeit. Übungen der Gewaltfreien Kommunikation, des Neurolinguistischen Programmierens (NLP) oder ein Coaching zeigen, wie man sich von Hindernissen, die dem Loslassen entgegenstehen, befreien kann.
Wenn wir unsere Widerstände erkennen, stellen wir fest, dass sie im Wesentlichen von Emotionen wie **Angst** und unseren **einschränkenden Überzeugungen** genährt werden. Diese sind auf unsere Erziehung und unsere bisherigen Erfahrungen, Beziehungen etc. zurückzuführen.

Hier ein paar Übungen, die Ihnen helfen loszulassen. Praktizieren Sie sie immer dann, wenn Sie Ruhe und Zeit haben. Spüren Sie die einzelnen Etappen jeweils tief in Ihrem Herzen und Ihrem Körper, damit sie ihre wohltuende, heilende Wirkung entfalten können.

A. Ängste

Schreiben Sie Ihre **Hauptängste** (oder Gefühle der Unsicherheit) auf die Wolken, die die wunderbare, leuchtende Sonne verdecken, und erkennen Sie die Bedürfnisse, die sich dahinter verbergen. Die nebenstehende **Maslow-Pyramide** mit ihrer fünfstufigen Unterteilung hilft Ihnen dabei, Ihre **Bedürfnisse** zu identifizieren.

Bedürfnis nach Selbstverwirklichung
Dem Leben einen Sinn geben, sich entfalten

Bedürfnis nach sozialer Anerkennung
Frei sein, auf sich selbst vertrauen, anderen vertrauen

Bedürfnis nach sozialen Beziehungen
Zugehörigkeit, Freundschaften, Kommunikation, Miteinander

Bedürfnis nach Sicherheit
Stabilität, Ruhe, Geborgenheit, sicherer Arbeitsplatz, festes Einkommen

Körperliche Grundbedürfnisse
Atmen, Trinken, Essen, Schlafen

Wie können Sie jetzt die Angstwolken fortblasen, damit (endlich!) die Sonne wieder in Ihrem Leben scheint? Hier ein gradueller Ansatz:

➥ Spüren Sie Ihre Angst. Visualisieren Sie sie. Schreiben Sie auf, was Sie empfinden:

....

Stellen Sie sich die Frage: »Wer wäre ich ohne diese Angst?« Visualisieren Sie so genau wie möglich, wie es wäre, wenn die Ihrer Angst zugrunde liegenden Bedürfnisse bereits erfüllt wären. Schreiben Sie auf oder zeichnen Sie, was Sie fühlen:

....

....

....

➡ Zurück zu Schritt 1 (Angst): Welches Geschenk hat Ihnen diese Angst gegeben oder welche Fähigkeit haben Sie durch sie erworben? Was haben Sie durch sie gelernt? Es können auch mehrere Dinge sein.

....

....

....

Empfinden Sie tiefe Dankbarkeit für das, was diese Angst an Positivem in Ihr Leben gebracht hat.
Atmen Sie ein. Atmen Sie aus.

Behalten Sie diese Fähigkeit in Ihrem Leben, während Sie den Stress von sich abfallen lassen und sich von Ihrer Angst lösen.

➡ Spüren Sie erneut das zugrunde liegende Bedürfnis, als sei es bereits erfüllt (zweiter Schritt), und schreiben Sie auf, was konkret Sie als Nächstes tun wollen, sobald Sie sich von dieser Angst befreit haben:

....

....

....

....

....

....

....

....

....

....

B. Einschränkende Glaubenssätze

Ein einschränkender Glaubenssatz

All die festgefahrenen Denkmuster, die den Geist unnötig besetzen und Mechanismen der Selbstsabotage fördern, werden als »einschränkende Glaubenssätze« bezeichnet. Im Allgemeinen haben wir sie in der Kindheit erworben, aber sie können sich auch aus späteren Erfahrungen ergeben. Sie haben einen unmittelbaren Einfluss auf unser Verhalten, unsere Leistungen und die Art, wie wir kommunizieren, und werden im Lauf weiterer negativer Erfahrungen verstärkt.

➡ Identifizieren Sie einen Ihrer einschränkenden Glaubenssätze (z.B.: »Ich habe eben kein Glück«, »Ich bin ungeschickt«, »Was … betrifft, bin ich eine Niete«, »Ich bin hässlich«):

....

....

➡ Rufen Sie sich einen Moment Ihres Lebens ins Gedächtnis, in dem das Gegenteil passiert ist (z.B.: »Ich habe Glück gehabt«, »Ich war geschickt«, »Ich war der Situation gewachsen«, »Ich fand mich schön«:

....

....

➡ Horchen Sie in sich hinein.
➡ Stellen Sie sich dieses Ereignis noch einmal vor, spüren Sie es im Herzen, im Körper: Wie genau ist es abgelaufen? Was empfanden Sie dabei?

43

....

....

➤ Positive Projektion: Wie wäre Ihr Leben, wenn das Gegenteil des einschränkenden Glaubenssatzes zuträfe? Wer wären Sie? Wo und mit wem? Spüren Sie, wie es sich energetisch anfühlt.

....

....

....

➤ Achten Sie drei Wochen lang auf jeden Moment Ihres Lebens, in dem dieser negative Glaubenssatz nicht zum Ausdruck kommt, sondern durch seine positive Projektion ersetzt wird, und notieren Sie es hier.
ENTWICKELN SIE BEWUSST DIESE NEUE VISION IHRER SELBST, IHRES LEBENS und spüren Sie ihre zahlreichen positiven Auswirkungen!

....

....

....

....

....

....

....

....

....

....

....

4. Lesen Sie die folgende Affirmation ganz bewusst, um sie sich gut einzuprägen:

»Jeden Tag übe ich, loszulassen und mich dem Fluss des Lebens hinzugeben. Ich empfange jeden Augenblick in aller Einfachheit, ohne die Dinge komplizierter zu machen. Ich beobachte meine Reaktionen, meine Gedanken, meine Gefühle und halte mich an das Wesentliche, das mich nährt. Ich gebe mich dem Leben uneingeschränkt und vollständig hin und akzeptiere, dass die Dinge in diesem Moment genauso sind, wie sie eben sind, und nicht so, wie ich sie gerne hätte.«

5. In einer ärgerlichen, konflikt-geladenen Situation

Dadurch, dass Sie die Dinge akzeptieren, wie sie sind, erkennen Sie auch Ihren Anteil/Ihre Verantwortung als Beteiligte(r) an dem Problem. Bleiben Sie dennoch stets wohlwollend und verständnisvoll gegenüber sich selbst und anderen.

Geduld und Gewaltlosigkeit dürfen nicht mit Feigheit oder Trägheit verwechselt werden. Ebenso wenig sollten wir glauben, man könne Ungerechtigkeit und anderen sozialen Missständen entgegentreten, indem man sie heftig und gewaltsam bekämpft. Das kann nur mit Weisheit gelingen.

Beschreiben Sie eine Konfliktsituation, die Sie erlebt haben – die erste, die Ihnen in den Sinn kommt. Was ist geschehen?

. . . .

Was empfanden Sie dabei?

. . . .

Haben Sie dieses Gefühl während des Konflikts klar geäußert? ❑ Ja / ❑ Nein

Was können Sie aus dieser Situation über sich selbst lernen, welche Lehre daraus ziehen?

. . . .

Wohlgemerkt: Jede Konfliktsituation, jedes Problem bietet Ihnen die Gelegenheit, sich zu einer besseren Version Ihrer selbst zu entwickeln. Ihre dadurch wachsende Resilienz erleichtert es Ihnen, der Realität und Ihrer Verantwortung ins Auge zu blicken – und ermöglicht Ihnen damit auch, immer wieder schnell auf die Füße zu kommen.

Indem Sie achtsam Ihre Gefühle, Gedanken und Reaktionen wahrnehmen, fällt es Ihnen leichter, eine empfundene Schwierigkeit zu überwinden und Ihren Blickwinkel wie auch Ihr Verständnis zu erweitern.

Tipp:
Parallel dazu können Sie in diesem Moment auch den zweiten Schlüssel aktivieren (siehe Seite 21) und das, was Sie sich wünschen, mithilfe positiver Absichten realisieren.

6. Schlüssel: Den Mut haben, zu vertrauen, loszulassen und sich auf das Unbekannte einzulassen

Wie sind die mutigen Worte des heiligen Johannes vom Kreuz über das »Weitergehen im Dunkeln« (siehe Zitat unten links) zu verstehen? – In dem Sinne, dass wir uns von dem lösen sollten, was wir sehen und kennen, von den Ergebnissen, die wir erwarten. Jegliches krampfhafte Festhalten an den Dingen beruht auf Angst, auf einem Gefühl der Unsicherheit.

Es verhindert, dass wir offen werden für neue Horizonte, neue Einstellungen, neue Gelegenheiten.

> »Wenn jemand des Weges sicher sein will, auf dem er geht, muss er die Augen schließen und im Dunkeln weitergehen.«
> Johannes vom Kreuz

Um zum Meer aller Möglichkeiten (auch als große »Leere« oder großes »Vakuum« bezeichnet) durchzudringen und Zugang zu ihm zu finden, müssen wir den Impuls haben, uns dem mächtigen Fluss des Lebens und der Natur hinzugeben und ihm zu vertrauen. Und dazu müssen wir offen sein – für jeden Moment und somit für das Unbekannte.

Bemühen wir uns, auf das zu achten, was sich uns im richtigen Moment präsentiert. So werden wir tendenziell weniger darauf aus sein, Lösungen zu erzwingen, und daraus entstehende Angst und unnötige Konflikte vermeiden.

47

Es ist ein großes Glück, sich der Gelegenheiten, die aus dem Unbekannten, aus dem Meer der Möglichkeiten auftauchen, bewusst zu werden. Stephen Batchelor, buddhistischer Lehrer und Autor, definiert das Konzept der Leerheit als »Offenheit gegenüber dem Unbekannten«.

Aktivieren Sie den Schlüssel der Offenheit gegenüber dem Unbekannten

1. Ändern Sie Ihre Gewohnheiten und entdecken Sie, dass Neues Spaß machen kann!

➡ Wenn ich das nächste Mal von A nach B unterwegs bin, nehme ich jeweils eine andere Route und lasse mich dabei von meiner momentanen Inspiration leiten. Dabei achte ich auf schöne Überraschungen und all das, was mich auf meinem Weg angenehm in Staunen versetzt.

Machen Sie diesen Ausspruch von Albert Einstein zu Ihrem Motto:

**»Logik bringt dich von A nach B.
Fantasie überallhin.«**

WEGE	MEINE ENTDECKUNGEN UND DINGE, DIE MIR GEFALLEN
Zum Supermarkt	
Zur Arbeit	
Zum Sport	
Am Wochenende ins Grüne	
Anderswohin:	

➡ Heute Abend überrasche ich meine(n) Partner(in) damit, dass ich …

．．

➡ Diese Woche schlage ich eine neue Aktivität mit der Familie vor (Sport, Kultur …):

．．

➡ Diesen Monat richte ich es so ein, dass ich früher mit der Arbeit fertig werde, und gönne mir dann etwas Schönes. Worauf habe ich Lust?

．．

➡ Dieses Jahr leiste ich mir (oder bitte meinen Chef um) eine Weiterbildung oder ein Coaching, das mir guttut und mich dem Menschen, der ich wirklich bin, und meinen Bestrebungen näherbringt:

．．

49

*Haben Sie den Mut, etwas zu
verändern, und erleben Sie,
welche Freude und neue
Energie es Ihnen vermittelt.*

2. Lassen Sie bei Ihrem nächsten Ideenaustausch –
sei es in der Familie, in Ihrer Beziehung oder am
Arbeitsplatz – andere ihre Vorstellungen äußern und
versuchen Sie, diese Vorstellungen zu berücksichtigen
oder sogar in Ihr Leben zu integrieren. Öffnen Sie Ihr
Blickfeld für die Sichtweisen anderer.

Beschreiben Sie hier kurz das Thema oder Objekt, das
Sie integriert haben, und was sich daraus für Sie ergeben hat (Auswirkungen auf Ihr Leben):

....

....

3. Listen Sie maximal drei Probleme auf, mit denen Sie
derzeit in Ihrem Leben zu tun haben:

1...

....

2...

....

3...

....

Tipp:
Sie können an dieser Stelle auch den zweiten Schlüssel (siehe Seite 21) aktivieren und die Absicht fassen, Ihr Leben zu vereinfachen und das Problem zu überwinden. Die Praxis besteht hier darin, dass Sie auf sich selbst und auf das Leben vertrauen. Verweilen Sie in Meditationshaltung, achten Sie auf Ihren Atem und geben Sie sich dem Wohlgefühl der Losgelöstheit hin.

Legen Sie eine kurze Pause ein. Atmen Sie, meditieren Sie und visualisieren Sie jeweils hintereinander Ihre Probleme als dunkle Zonen, die sich lichten und immer heller werden, bis sie sich schließlich völlig auflösen.

4. Lesen Sie die folgende Affirmation langsam und bewusst:

»Ungewissheit ist ein wesentlicher Bestandteil meines Lebens, meines Glücks, des Weges zur Verwirklichung meiner Wünsche. Von nun an werde ich keine Erwartungshaltungen mehr hegen; Lösungen tauchen spontan aus Schwierigkeiten und Chaos auf. Diese Ungewissheit wird der Weg zu meiner Freiheit, zu einem Denken ohne Konditionierungen. In diesem Raum der Freiheit bleibe ich offen gegenüber den grenzenlosen Wahlmöglichkeiten, die sich mir bieten. Ich erfahre Freude, das Mysterium des Lebens - Spiritualität.«

51

7. Schlüssel: Entdecken Sie Ihre Einzigartigkeit und lassen sich ein auf den Tanz des Lebens

»Glücklich ist ein Leben, welches mit seiner Natur in Einklang steht.«

Seneca

Jeder von uns hat ein einmaliges Talent. Wenn wir dieses Talent entdecken und es in den Dienst anderer stellen, führen wir unser Leben so, dass wir das höchste Potenzial der Fülle, des Erfolgs, der Energie, der Lebenskraft und der Gesundheit entfalten. Dieser spirituelle Schlüssel lädt uns ein zu verstehen, dass jeder von uns ein einzigartiger Ausdruck der Geschichte des Lebens ist.

Aktivieren Sie den Schlüssel der Entdeckung Ihres persönlichen »Grals«

1. Lesen Sie als Einstimmung auf das Thema die folgenden Worte achtsam und meditieren Sie dann darüber.

»Ich mache es mir an einem ruhigen Ort bequem und entfache meine Aufmerksamkeit und mein Bewusstsein an der kleinen Flamme, die in mir brennt und zu jeder Zeit wachsam ist. Ich mache mir meine Einzigartigkeit und die ruhige Tiefe meines Herzens bewusst. Dabei lasse ich alles los, was die Welt von mir erwartet, und erkenne, was mich erfüllt und lebendig macht. Ich höre auf mein Herz, nicht auf mein Denken. Was lehrt es mich über das zeitlose Bewusstsein und darüber, was dieses Bewusstsein durch mich kreieren will? Ich lerne, achtsam das wahrzunehmen, was mich wirklich beflügelt, und meine Einzigartigkeit anzuerkennen.«

2. Ihre Talente können Sie anhand von **drei Kriterien** erkennen:

➡ Sie tun sich auf einem bestimmten Gebiet oder mit einer bestimmten Fähigkeit besonders hervor.

➡ Dieses Gebiet ist eine Quelle des Vergnügens für Sie.

➡ Auf diesem Gebiet aktiv zu sein ist ganz natürlich für Sie; Sie sind in Ihrem Element.

Listen Sie mithilfe dieser Hinweise Ihre drei Haupttalente auf. Als Nächstes beschreiben Sie, wie Sie sich fühlen, wenn Sie diese für sich selbst ausüben, und was Sie empfinden, wenn Sie Ihre Talente für andere einsetzen.

Meine 3 Talente	Für mich	Für andere

3. Fragen Sie drei Personen, die Sie gut kennen und die Ihnen gegenüber objektiv sind, was ihrer Meinung nach Ihre drei Haupttalente sind. Vergleichen Sie deren Antworten mit Ihrer eigenen Liste. Was fällt Ihnen dazu ein?

....

....

....

53

Welches Ihrer Talente macht Ihnen am meisten Spaß, sodass Sie es gerne weiterentwickeln möchten?

....

In welchem Kontext kommt es zum Tragen?

....

Bringen Sie es oft zum Einsatz?

....

Könnten Sie es zu Ihrer Hauptaktivität (Ihrem Beruf) machen?
❏ Ja ❏ Nein
Anmerkung:

....

4. Welches Ihrer Talente würden Sie gern zu einer Stärke weiterentwickeln, indem Sie sich entsprechende Zusatzkenntnisse aneignen (Know-how) und regelmäßig üben (Erfahrung)? Das gewählte Talent ist:

....

Welche Zusatzkenntnisse sind erforderlich, um dieses Talent weiterzuentwickeln? Wer könnte Sie dabei unterstützen?

....

Finden Sie heraus, was Sie daran hindern könnte, Ihr Talent auszubauen. Mit welchen Mitteln könnten Sie diese Hemmschuhe neutralisieren?

....

Spezifisch: Sie sollten sichergehen, dass Ihr Ziel spezifisch, also klar abgegrenzt und auf Sie und Ihre Situation abgestimmt ist.

Messbar: Es sollte einen Erfolgsindikator geben, der festlegt, wann das Ziel erreicht ist.

Ausführbar: Das Ziel soll so definiert sein, dass es realisierbar ist und in kleinere, erreichbare Zwischenziele unterteilt werden kann (es darf kein »unerreichbarer Stern« sein!).

Realistisch: Ihr Ziel sollte Ihrem Persönlichkeitsprofil und Ihren Talenten entsprechen, damit Ihre Motivation stark ist.

Timing: Setzen Sie sich eine Frist für die Umsetzung.

5. Ihr Talent steigert sich beträchtlich – ebenso wie Ihre Lebensenergie –, wenn Sie es in den Dienst anderer stellen. Das könnte ein Lebensziel oder eine Lebensaufgabe werden.

Finden Sie heraus, welche Schritte Sie gehen müssen, um Ihre Gabe und Ihre Stärken in den Dienst anderer zu stellen, und notieren Sie die SMART-Zielsetzungen, die sich daraus ergeben.

....

....

....

....

....

6. Lesen Sie diese Affirmation ganz bewusst und meditieren Sie dann darüber.

»Jeden Tag überlege ich mir, wie ich meine Talente einsetzen kann, um HILFREICH und anderen VON NUTZEN zu sein. Ich achte auf die Strömungen des Lebens, darauf, was es von mir erwartet, auf die Zeichen, die es mir durch das, was mich innerlich besonders berührt, schickt. Das große Ziel meines Lebens, meine Mission, mein DHARMA besteht darin, zu entdecken, wer ich bin, und anderen in meiner vollen Authentizität und Einzigartigkeit zu begegnen.«

Zur Nutzung dieses kleinen Übungshefts

Die sieben Schlüssel der Spiritualität geben Ihnen die Möglichkeit, die Erfahrung der Fülle, der Großzügigkeit und der Selbstwirksamkeit zu machen.

Nehmen Sie sich Zeit, um herauszufinden, welche Hindernisse der Umsetzung Ihrer jeweiligen neuen Praktiken entgegenstehen, und machen Sie sich klar, welche Vorteile Sie aus der Beseitigung dieser Hemmnisse ziehen können.

Seien Sie geduldig und entdecken Sie, wie jeder Schritt Sie klar und fließend zum nächsten führt, wie in einem Tanz.

Es geht nicht darum, die hier vorgeschlagenen Übungen mechanisch durchzuführen. Machen Sie sich diese bewusst zu eigen und passen Sie sie an Ihre eigenen Lebensumstände an.

Möge Ihre Praxis leicht, fröhlich und intensiv zugleich sein!

Zum Schluss

Die hier vorgestellten sieben Schlüssel bringen Sie wieder mit den grundlegenden Prinzipien Ihrer spirituellen Natur in Kontakt. Wenn Sie sie ganz bewusst praktizieren, sind Sie im Einklang mit dem Leben, während Sie gleichzeitig zu Ihrer inneren Weisheit erwachen, die die Welt braucht. Sie entfalten innerlich und um sich herum Fülle, Glück, Gesundheit und Gelassenheit und verwirklichen sich selbst.

Weitere gute Gewohnheiten können uns auf diesem Weg ebenfalls unterstützen: eine gesunde Ernährung, genügend Ruhe, Sport, freundliche soziale Beziehungen und religiöse Praktiken, in deren Rahmen die Spiritualität ihre Daseinsberechtigung hat - denn die Spiritualität verbindet uns mit allem, was uns wieder mit dem Leben verknüpft und ihm einen Sinn verleiht. Doch vor allem weist sie uns den Weg zu einer bedingungslosen, lebendigen Liebe, die die Grundlage unseres Daseins bildet.

Unser Wunsch

Dieses kleine Übungsheft will etwas Gutes ...

Denken Sie daran: Die Spiritualität ist bereits in Ihnen. Sie wartet nur darauf, Sie direkt zum Wesentlichen zurückzubringen. Vertrauen Sie auf sich selbst!

Mögen Ihre Gedanken, Absichten, Worte und Taten Ihr Leben mit Wärme erfüllen; mögen sie Ausdruck der subtilen, leidenschaftlichen Natur Ihres Herzens sein, durchdrungen von allen Dimensionen Ihrer Seele – damit sie wiederum die Welt inspirieren.

Letztlich ist all das nicht schwieriger, als eine Tasse Tee mit uns zu trinken, oder?

In Freundschaft und Bewusstheit,
Sandra und Frans

Während wir an diesem kleinen Übungsheft geschrieben haben, haben wir bekannte spirituelle Persönlichkeiten um ihre Definition von Spiritualität gebeten. Auf den folgenden Seiten finden Sie ihre Antworten. Den Autoren gilt unser innigster Dank.

Erkennen Sie Unterschiede zu etwas, das wir in diesem kleinen Übungsheft vorgeschlagen haben?

Wie lautet Ihre persönliche Definition, nachdem Sie das Übungsheft durchgearbeitet haben? Schicken Sie sie uns – wir freuen uns, sie zu erfahren.

Das Wort »Spiritualität« birgt Fallstricke in sich. Ich ziehe es vor, nach der Einheit zu suchen. Wollen wir menschlicher werden, geht es nicht darum, einem Teil unseres Wesens – dem Geist – den Vorrang zu geben. Zu oft wurde das »spirituelle Leben« dargestellt, als sei es ausschließlich ein Entwickeln des Geistes zulasten des Körpers. Wie können wir allen Elementen, die uns ausmachen (Körper, Empfindungen, Willen, Geist, Denken, Instinkt, Erinnerung, Gewohnheiten etc.), ermöglichen, sich gegenseitig anzunehmen und harmonisch aufeinander abzustimmen? Die Summe all dieser Elemente ist sehr viel mehr als ihre einfache Addition, denn ihre Vereinigung führt zu etwas, das darüber hinausgeht. Würde das Wort »Menschlichkeit« nicht in zu vielen Bedeutungen verwendet, könnte man das Wort »Spiritualität« besser durch »Menschlichkeit«, »volle Menschlichkeit« ersetzen. Letztere bildet eine schöne Synergie mit dem Wesentlichen: mit der Liebe.

Pierre de Bethune (Autor von *Interreligious Hospitality.*
The Fulfillment of Dialogue, Liturgical Press 2010)

Im Judentum wird Spiritualität durch Feuer und Wasser verkörpert. Das Feuer reinigt. Von Natur aus strebt es stets nach oben. Der Mensch reinigt sich durch Fasten und Beten von all seinen Sünden und nähert sich seinem göttlichen Schöpfer an. Die Abschirmungen, die Barrieren, die seine Erhebung hemmten, halten den Wirkungen der Reue und der Vergebung nicht länger stand. Und so wird es ihm möglich, die Stufen zu erklimmen, die ihn Gott näherbringen können. Das Wasser wiederum wäscht den Schmutz, der den Einzelnen erniedrigt, hinweg und beseitigt ihn. Das Hauptcharakteristikum des Wassers besteht darin, dass es immer nach unten fließt. Es geht also in einer zweiten Bewegung darum, das Spirituelle auf die Erde herabkommen zu lassen und so die materielle Welt, in der wir leben, zu heiligen. Die Spiritualität im Judentum besteht darin, Feuer und Wasser, das Materielle und das Spirituelle, die unser Leben täglich leiten, harmonisch in Einklang zu bringen.

Albert Guigui (Autor von *Le Judaïsme*, Éditions Racine 2015)

Das Wort »Islam« geht auf »Salam« zurück und hat die Bedeutung »Frieden«. Es könnte auch mit »Körper und Geist im Gleichgewicht« übersetzt werden. Gesund ist ein Mensch, dessen Körper und Geist in der richtigen Balance sind, und zwar dank eines inneren Friedens und der Befreiung von egozentrischen Wünschen (Hass, Eifersucht, Zorn etc.). Man entwickelt sich von Soghm (Krankheit) zu Selm (Gesundheit). Ohne ein reines Herz sind weder der Körper noch die Worte, noch der Geist gesund.

Dr. Seyed Mostafa Azmayesh (Autor von *New Researches on the Quran.*
Why and how two Versions of Islam Entered the History of Mankind,
Mehraby Publishing House 2016)

Spiritualität ist nur dann gegeben, wenn ich mein Leben als einen Weg betrachte. Wohin führt der Weg? – Zur Überwindung meiner Begrenzungen und meiner gewohnten Neigungen. Dorthin, wo das klare Licht ganz natürlich leuchtet, ob man es nun als Gott oder als die letztendliche Natur des Geistes bezeichnet. Dorthin, wo mein Herz zu seiner ursprünglichen Reinheit zurückfindet, wo sich eine bedingungslose Liebe für alle Wesen entflammt hat.

Philippe Cornu (Autor von *Le Bouddhisme, une philosophie du bonheur? 12 questions pour comprendre la voie du Bouddha*, Éditions Seuil 2013)

Ruhe, Klarheit und Mitgefühl wecken in mir jeden Tag das Herz und das Bewusstsein – den Geist – Christi. Alles, was ich ohne Bewusstsein und ohne Liebe tue, ist verlorene Zeit; alles, was ich bewusst und mit Liebe tue, ist wiedergefundene Ewigkeit, inkarnierte Spiritualität. Liebe und tu das, was du willst; sei bewusst und tu, was du kannst. Sei trotz allem glücklich. »Segnet und fluchet nicht!« Ein glücklicher Mensch ist im Frieden und tut niemandem etwas zuleide. Das ist das Evangelium – gestern, heute und morgen.

Jean-Yves Leloup (Autor von *De Nietzsche à maître Eckhart*, Éditions Almora 2014)

Ich wurde aus dem Nichts geboren, ich kehre ins Nichts zurück, und ich kann ihm den Namen keines einzigen Gottes geben: Das denke ich. Einige flüchtige Einblicke im Leben, einige Momente des Aufblitzens haben mir hin und wieder die Erfahrung des Nichts vermittelt: Das bezeuge ich. Wenn der Tod mir die Freude des Nicht-mehr-Seins vermitteln kann, erwarte ich ihn wie einen Freund: Das hoffe ich. Darum – mich zu öffnen für das, was ich nicht bin; für alles, was ich nicht glaube; für dich, der du mich bereicherst, indem du mich dem Nichts meiner selbst zurückgibst: Das lebe ich.

Jean-Claude Bologne (Autor von *Une mystique sans Dieu*, Éditions Albin Michel 2015)

DAS KLEINE
ÜBUNGSHEFT

Willkommen in der
Bibliothek der guten Gefühle

**Entdecken Sie viele weitere Themen
aus der charmanten Bestseller-Reihe.**

Abonnieren Sie unseren Newsletter und erhalten
Sie die aktuellsten Informationen aus den Bereichen
Lebenskunst, persönliche Entwicklung, Erfolg
und Sexualität.

Einmal pro Woche stellen wir Ihnen eines der **kleinen
Übungshefte** mit einer Übung der Woche genauer vor.

Alle Hefte können Sie — innerhalb Deutschlands
versandkostenfrei — direkt auf der Website bestellen.

www.die-kleinen-uebungshefte.de

TRINITY

Die kleinen Übungshefte gibt es zu diesen Themen:

Gelassen und glücklich leben

- Entdecke die innere Fee in dir
- Glückstraining
- Lebensfreude im Alltag
- Optimismus
- Positive Psychologie
- Wieder Begeisterung empfinden
- Zen, sexy und happy

Loslassen, was belastet

- Endlich frei von Schuldgefühlen
- Krisen bewältigen
- Loslassen
- Schluss mit dem Rauchen
- Stark durch Resilienz
- Zorn positiv nutzen
- Zum Wohlfühlgewicht ohne Stress

Die eigenen Potenziale entwickeln

- Das Gesetz der Anziehung
- Entdecke dich selbst mit Stift und Pinsel
- Gelassen Ziele erreichen
- Lebensträume verwirklichen
- Mut zur Veränderung
- Positives anziehen
- Selbstbewusstsein
- Steh auf, Dein Leben wartet!
- Verborgene Talente entdecken

Sich Zeit für das Wesentliche nehmen

- Ausmisten und wieder durchatmen
- Besser leben ohne Stress
- Digital Detox – einfach öfter mal abschalten
- Entschleunigen
- Für eine bessere Welt
- Zen in einer bewegten Welt

Achtsam und zentriert leben

- Achtsamkeit
- Ho'oponopono
- Meditationen für jeden Tag
- Spiritualität im Alltag
- Wahrhaftig sein sich selbst und anderen gegenüber

Sich anderen Menschen öffnen

- Dankbarkeit
- Emotionale Intelligenz
- Freunde gewinnen und bessere Beziehungen führen

Klug und liebevoll kommunizieren

- Die Kunst Gesichter zu lesen
- Geheimnisse der Körpersprache verstehen
- Gewaltfreie Kommunikation
- Grenzen setzen – Nein sagen
- Konflikte meistern und harmonischere Beziehungen führen
- Mit schwierigen Zeitgenossen umgehen
- Psychospiele durchschauen und die eigene Rolle verändern

Andere und sich selbst lieben

- Das Geheimnis glücklicher Paare
- Die Heilkraft der Liebe nutzen
- Eifersucht verstehen und überwinden
- Frieden schließen mit dem eigenen Körper
- Kamasutra
- Seelische Wunden heilen
- Seelische Wunden verstehen
- Selbstliebe
- Sei gut zu dir selbst
- Sich selbst und andere lieben